ماذا يَعْمَلُ أَبي؟

بِقَلَم: مَحْمود جَعْفَر

بِريشَة: عَبدي مارّ

Collins

ماذا يَعْمَلُ أَبي؟

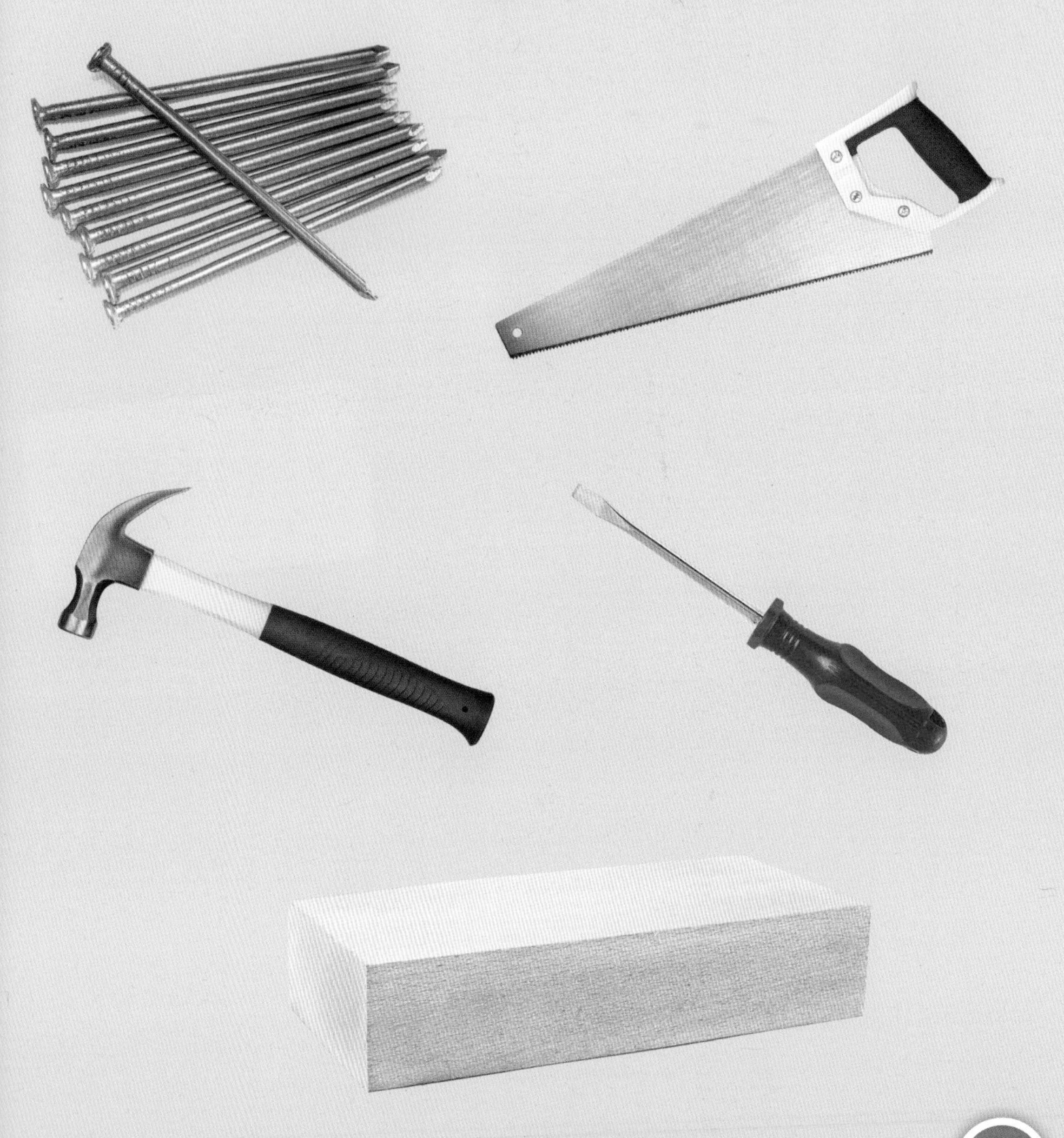

أَبي نَجّار.

ماذا يَعْمَلُ أَبي؟

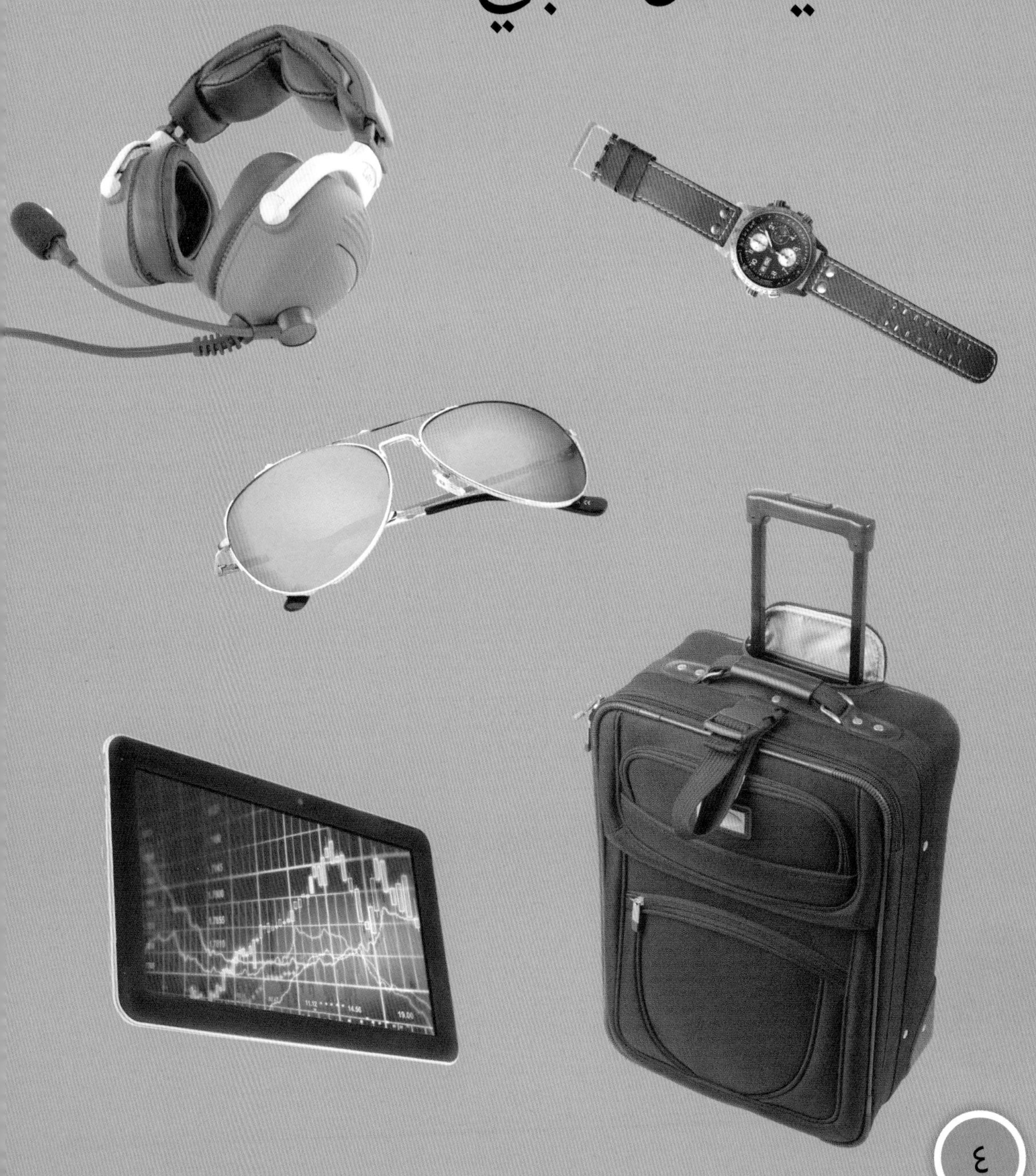

أَبي طَيّار.

ماذا يَعْمَلُ أَبي؟

أَبي خَبّاز.

ماذا يَعْمَلُ أَبي؟

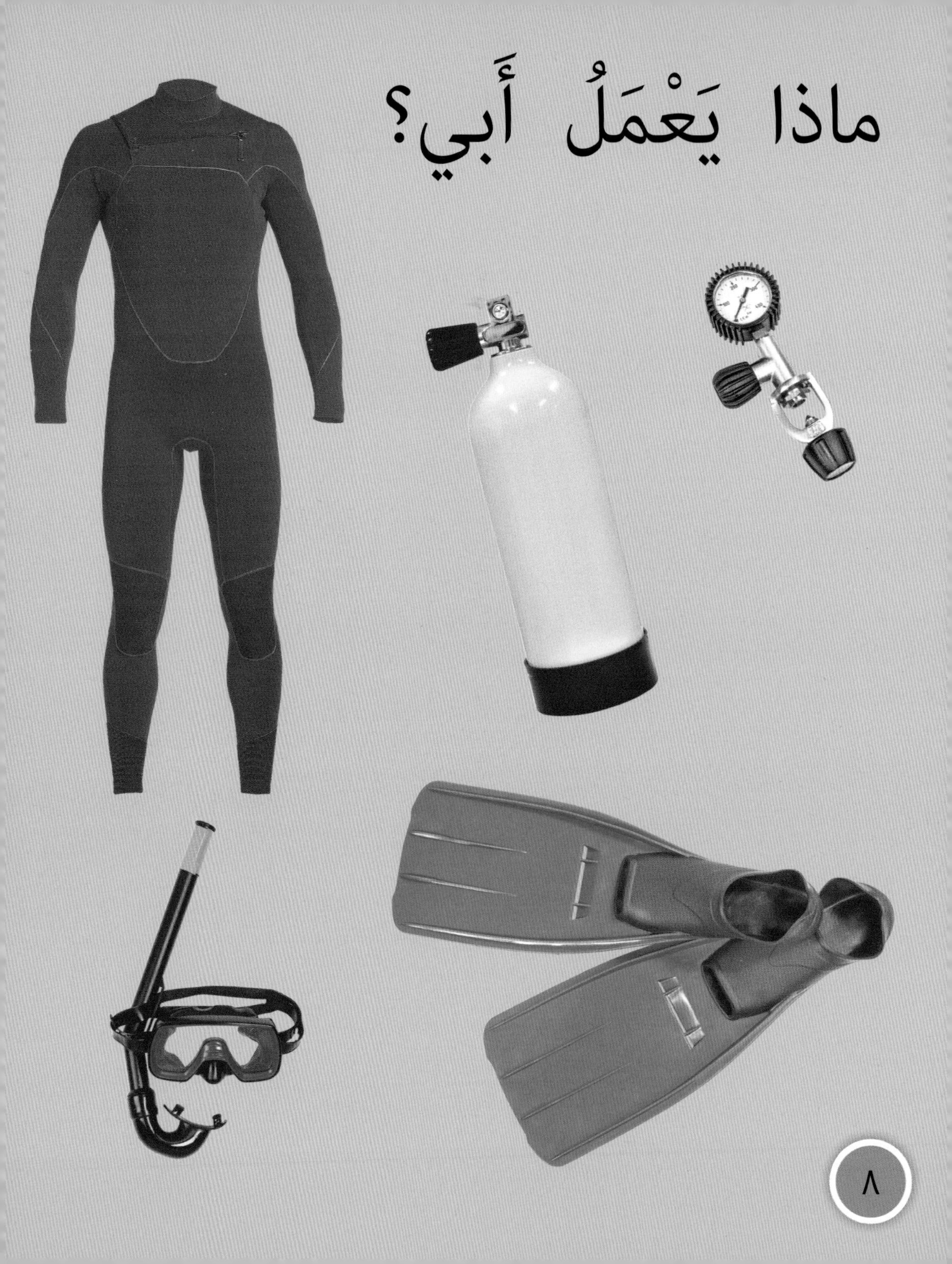

أَبي غَطّاس.

ماذا يَعْمَلُ أَبي؟

أَبي رُبّان.

ماذا يَعْمَلُ أَبي؟

أَبي طَبّاخ.

ماذا يَعْمَلُ أَبي؟

أفكار واقتراحات

الأهداف:

- متابعة نصّ وصفيّ بسيط.
- قراءة كلمات تامّة.
- التعرّف على نمط الإيقاع الصوتيّ للمهن "فعّال".

روابط مع الموادّ التعليميّة ذات الصلة:

- مبادئ التعرّف على مفهوم العمل/المهنة.
- التعرّف على بعض الآلات والأدوات المتعلّقة بالعمل.
- مبادئ التهجئة.

مفردات شائعة في العربيّة: أبي

مفردات جديرة بالانتباه: ماذا، خبّاز، طبّاخ

عدد الكلمات: ٣٠

الأدوات: ورق، أقلام رسم وتلوين

قبل القراءة:

- تعالوا ننظر معًا إلى صورة الغلاف الأماميّ. ماذا ترون على الغلاف؟
- هيّا نقرأ العنوان معًا.
- كم مرّة تكرّر حرف الميم في العنوان؟ لِنُشر إليه بأصابعنا.
  هل يختلف شكل حرف الميم حين نراه في بداية بعض الكلمات أو في وسطها أو في نهايتها؟
- انتبهوا إلى هذه العلامة (؟): ما اسمها؟ متى نراها؟ ما معناها؟

أثناء القراءة:

- أوّلاً، سنقرأ الكتاب معًا، ونشير إلى الكلمات.
- ما هي الأدوات الّتي يحتاجها النجّار كما نراها ص٢؟ ماذا تفعل هذه الأدوات؟